Este libro de recetas para hacer helados caseros es el resultado del conocimiento y experiencia de una experta en la materia. Con años de práctica en la industria alimentaria, ha perfeccionado su habilidad para crear helados de alta calidad en el hogar.

En estas páginas, el lector encontrará una amplia variedad de recetas que van desde las más tradicionales hasta las más innovadoras, todas creadas con ingredientes simples y fácilmente disponibles. Además, ofrece consejos valiosos sobre la técnica y la selección de ingredientes para asegurar el éxito de cada helado que se haga en casa.

Este libro es el compañero perfecto para aquellos amantes del helado que buscan crear sus propias deliciosas y cremosas creaciones en casa. Con esta guía, los lectores podrán disfrutar de helados frescos y hechos en casa todo el año, sin tener que preocuparse por los preservativos y otros aditivos desconocidos que a menudo se encuentran en los helados comerciales.

Así que, ¡prepárese para ponerse manos a la obra y comenzar a crear algunos de los helados más deliciosos de su vida!

SUMARIO

CAPÍTULO 1. INTRODUCCIÓN

Bienvenido a este libro de helados caseros. En las siguientes páginas, encontrará una gran variedad de recetas para hacer helados caseros en la comodidad de su hogar. Desde helados clásicos hasta sabores más creativos, todo lo que necesita para hacer helados caseros de alta calidad está aquí.

Quiero comenzar describiendo que un helado se forma a partir del proceso de emulsificación. La emulsificación es un proceso en el que se mezclan dos líquidos que normalmente no se mezclan, como el agua y el aceite. En el caso de los helados, la emulsificación se realiza entre la leche o la nata y el azúcar.

Para crear un helado, primero se mezclan los ingredientes líquidos, como la leche, la nata y el azúcar, hasta que el azúcar se haya disuelto completamente. Luego, se agrega cualquier ingrediente sólido o aditivo, como las frutas o el chocolate.

La mezcla resultante se coloca en una máquina de helados o se congela en un congelador. Durante este proceso, las partículas de hielo se forman y se agrupan, formando cristales de hielo. Para lograr un helado suave y cremoso, es necesario incorporar un agente emulsionante, como la lecitina de soja, en la mezcla. Este agente ayuda a mantener las partículas de hielo dispersas, creando una consistencia suave y cremosa.

En resumen, la emulsificación es un proceso clave en la fabricación de helados caseros, ya que permite crear una consistencia suave y cremosa al mantener las partículas de hielo dispersas en la mezcla.

Antes de comenzar a hacer helados, es importante tener las herramientas y equipos necesarios para asegurarse de que su experiencia sea un éxito. Aquí hay una lista de los elementos más importantes que necesitará:

- *Heladera*: Es la herramienta más importante para hacer helados caseros. Hay diferentes tipos de heladeras disponibles en el mercado, desde las manuales hasta las eléctricas, pero todas funcionan para congelar la mezcla de helado.
- *Batidora o mezcladora*: Una buena batidora o mezcladora es esencial para asegurarse de que la mezcla de helado esté suave y cremosa.
- *Recipientes de almacenamiento*: Para mantener sus helados frescos, es importante tener recipientes de almacenamiento adecuados. Los recipientes de plástico con tapa son ideales.
- *Espátula de silicona*: Una espátula de silicona es útil para remover la mezcla de helado de la heladera y para mezclar los ingredientes.

- *Cucharas medidoras*: Las cucharas medidoras son importantes para asegurarse de que las proporciones de los ingredientes sean precisas.

Con estas herramientas y equipos en su arsenal, estará listo para hacer los mejores helados caseros de su vida. Asegúrese de leer detenidamente cada receta antes de comenzar y de seguir las instrucciones al pie de la letra.

¡Qué fácil es!

CAPÍTULO II. DESCRIPCION DE INGREDIENTES

Los ingredientes para hacer helados caseros pueden clasificarse en tres categorías principales: líquidos, sólidos y aditivos.

- *Los líquidos* incluyen leche, nata (crema de leche), leche condensada, leche evaporada, leche en polvo, agua, jugo de frutas, etc.
- *Los sólidos* son los azúcares, como azúcar blanco, moreno o panela, miel, jarabes, edulcorantes, endulzantes naturales, etc. Además, también pueden incluir frutas frescas o congeladas, chocolate, nueces, almendras, etc.
- *Los aditivos* entran: las esencias como vainilla; los topping como chocolate, almendra, etc.; gomas emulsionantes como la lecitina de soja; estabilizantes, como el glicerol; y otros aditivos alimentarios opcionales como el colorante.

Es importante tener en cuenta que los ingredientes utilizados para hacer helados caseros deben ser frescos y de calidad, para obtener un sabor y textura óptimos.

Tener en cuenta que hay varios sustitutos de azúcares naturales que pueden ser utilizados en la cocina y en la repostería. Aquí hay algunos ejemplos:

1. Miel: es un endulzante natural obtenido a partir del néctar de las flores. Es un poco más dulce que el azúcar y aporta un sabor distintivo a los alimentos.

2. Jarabe de arce: es otro endulzante natural obtenido de la savia de los árboles de arce. Es menos dulce que el azúcar y tiene un sabor suave a caramelo.

3. Stevia: es un edulcorante natural que se obtiene de la hoja de la planta Stevia rebaudiana. Es hasta 300 veces más dulce que el azúcar y no aporta calorías.

4. Melaza: es un edulcorante obtenido de la remolacha o la caña de azúcar. Es más amargo que el azúcar y aporta un sabor a caramelo y hierbas.

5. Xilitol: es un edulcorante natural obtenido a partir de la pulpa de los frutos del arce. Es tan dulce como el azúcar y se comporta de manera similar en la cocina, pero no aumenta los niveles de azúcar en la sangre.

6. Jarabe de agave también es un sustituto natural del azúcar. Es un edulcorante obtenido a partir de la planta de agave. Tiene un sabor ligeramente dulce y suave, similar al caramelo. Es importante tener en cuenta que, aunque el jarabe de agave es natural, contiene azúcares simples y es un edulcorante calórico, por lo que debe utilizarse con moderación en una dieta saludable.

CAPÍTULO III. RECETAS BÁSICAS

En este capítulo, encontrará recetas básicas para hacer helados de crema, leche y yogur. Estos helados son la base para la mayoría de los demás sabores y son fáciles de hacer. Con un poco de práctica, estos helados serán un éxito garantizado.

Helado de Crema

Ingredientes:

- 2 tazas de crema para batir (35% de grasa)
- 1 taza de azúcar
- 1 cucharadita de esencia de vainilla

Instrucciones:

1. En un tazón grande, mezcle la crema, el azúcar y la esencia de vainilla hasta que estén completamente combinados.
2. Vierta la mezcla en la heladera y congele según las instrucciones del fabricante.
3. Sirva el helado fresco.

Helado de Leche

Ingredientes:

- 2 tazas de leche entera
- 1 taza de azúcar
- 1 cucharadita de esencia de vainilla

Instrucciones:

1. En un tazón grande, mezcle la leche, el azúcar y la esencia de vainilla hasta que estén completamente combinados.

2. Vierta la mezcla en la heladera y congele según las instrucciones del fabricante.
3. Sirva el helado fresco.

Helado de Yogurt

Ingredientes:

- 2 tazas de yogurt natural
- 1 taza de azúcar
- 1 cucharadita de esencia de vainilla

Instrucciones:

1. En un tazón grande, mezcle el yogur, el azúcar y la esencia de vainilla hasta que estén completamente combinados.
2. Vierta la mezcla en la heladera y congele según las instrucciones del fabricante.
3. Sirva el helado fresco.

Los helados son uno de los postres más populares y versátiles del mundo. Pueden ser de muchos sabores, desde frutales hasta más indulgentes como el chocolate o el dulce de leche. Además, los helados se pueden hacer de manera muy sencilla con pocos ingredientes y sin la necesidad de una máquina especializada para hacerlos.

A continuación te muestro algunas recetas sencillas de helados que puedes hacer en casa. En particular, nos enfocaremos en recetas de helado de chocolate, turrón, té y dulce de leche, que son algunos de los sabores más populares de helado.

Helado de Chocolate

Ingredientes:

- 2 tazas de crema para batir (35% de grasa)
- 1 taza de leche entera
- 3/4 taza de azúcar
- 1/2 taza de cacao en polvo sin azúcar
- 1 cucharadita de extracto de vainilla

Instrucciones:

1. En una olla mediana, mezcla el azúcar, el cacao en polvo y la leche hasta que estén bien combinados.
2. Coloca la olla a fuego medio y remueve la mezcla constantemente hasta que empiece a hervir. Reduce el fuego y cocina durante 1-2 minutos más, removiendo constantemente, hasta que la mezcla se espese un poco.
3. Retira la olla del fuego y agrega la crema para batir y la vainilla. Remueve hasta que todos los ingredientes estén bien incorporados.
4. Vierte la mezcla en un recipiente apto para congelar, tápalo y colócalo en el congelador durante al menos 6 horas, o hasta que el helado esté sólido.
5. Cuando esté listo, saca el helado del congelador y déjalo reposar durante unos minutos para que se ablande un poco antes de servir.

¡Disfruta de tu helado de chocolate casero!

Helado de Fresa

Ingredientes:

- 2 tazas de fresas frescas, limpias y sin tallos
- 1 taza de crema para batir (35% de grasa)
- 1 taza de leche entera
- 3/4 taza de azúcar
- 1 cucharadita de extracto de vainilla

Instrucciones:

1. Tritura las fresas con una licuadora o procesador de alimentos hasta que estén completamente puré.
2. En una olla mediana, mezcla la leche, el azúcar y el puré de fresa hasta que estén bien combinados.
3. Coloca la olla a fuego medio y remueve la mezcla constantemente hasta que empiece a hervir. Reduce el fuego y cocina durante 1-2 minutos más, removiendo constantemente, hasta que la mezcla se espese un poco.
4. Retira la olla del fuego y agrega la crema para batir y la vainilla. Remueve hasta que todos los ingredientes estén bien incorporados.
5. Vierte la mezcla en un recipiente apto para congelar, tápalo y colócalo en el congelador durante al menos 6 horas, o hasta que el helado esté sólido.
6. Cuando esté listo, saca el helado del congelador y déjalo reposar durante unos minutos para que se ablande un poco antes de servir.

Helado de Turrón

Ingredientes:

- 4 yemas de huevo
- 1/2 taza de azúcar
- 1 taza de leche entera
- 1 taza de crema de leche
- 200 g de turrón de Jijona

Instrucciones:

1. Tritura el turrón en un procesador de alimentos hasta que se forme una especie de polvo.
2. En un tazón, bate las yemas de huevo con el azúcar hasta que la mezcla esté pálida y espumosa.
3. En una olla, calienta la leche y la crema de leche a fuego medio hasta que empiece a hervir.
4. Agrega lentamente la mezcla de huevo y azúcar a la olla, removiendo constantemente para evitar que las yemas se cocinen y se formen grumos.
5. Agrega el turrón triturado a la mezcla de la olla y remueve bien.
6. Deja enfriar la mezcla en la nevera durante al menos 2 horas.
7. Vierte la mezcla en una máquina de hacer helados y sigue las instrucciones del fabricante para hacer el helado.
8. Congela el helado durante al menos 2 horas antes de servir.

Helado Sorbete de Frutas

Ingredientes:

- 2 tazas de fruta fresca o congelada de su elección (por ejemplo, fresas, melón, mango)
- 1/2 taza de azúcar
- 1/2 taza de agua
- 2 cucharadas de jugo de limón

Instrucciones:

1. En una cacerola mediana, caliente la fruta, el azúcar y el agua a fuego medio hasta que el azúcar se haya disuelto.
2. Retire la cacerola del fuego y transfiera la mezcla a un procesador de alimentos o licuadora.
3. Agregue el jugo de limón y procese hasta obtener una consistencia suave.
4. Transfiera la mezcla a un recipiente con tapa y refrigerar hasta que esté frío (alrededor de 4 horas).
5. Bata la mezcla en una heladera o con una batidora de mano hasta que esté suave y esponjosa.
6. Vuelva a transferir la mezcla a un recipiente con tapa y congele hasta que esté sólido (alrededor de 4 horas).
7. Sirva y disfrute de su sorbete casero.

Nota: Puede personalizar la receta agregando especias, hierbas o licores para darle un toque especial a su sorbete.

Helado de Té verde

Ingredientes:

- 4 yemas de huevo
- 1/2 taza de azúcar
- 1 taza de leche entera
- 1 taza de crema de leche
- 3 bolsitas de té verde

Instrucciones:

1. Calienta la leche y la crema de leche en una olla a fuego medio hasta que empiece a hervir.
2. Agrega las bolsitas de té verde a la olla y deja infusionar durante unos 5-10 minutos. Luego retira las bolsitas de té y deja enfriar la mezcla.
3. En un tazón, bate las yemas de huevo con el azúcar hasta que la mezcla esté pálida y espumosa.
4. Agrega lentamente la mezcla de leche y crema de leche a la mezcla de huevo y azúcar, removiendo constantemente para evitar que las yemas se cocinen y se formen grumos.
5. Vierte la mezcla en una olla y cocina a fuego medio-bajo, removiendo constantemente, hasta que la mezcla espese y cubra la parte posterior de una cuchara de madera.
6. Deja enfriar la mezcla en la nevera durante al menos 2 horas.
7. Vierte la mezcla en una máquina de hacer helados y sigue las instrucciones del fabricante para hacer el helado.
8. Congela el helado durante al menos 2 horas antes de servir.

Si lo deseas, puedes decorar el helado con hojas de menta fresca.

Helado de Dulce de Leche

Ingredientes:

- 4 yemas de huevo
- 1/2 taza de azúcar
- 1 taza de leche entera
- 1 taza de crema de leche
- 1 taza de dulce de leche

Instrucciones:

1. En un tazón, bate las yemas de huevo con el azúcar hasta que la mezcla esté pálida y espumosa.
2. En una olla, calienta la leche y la crema de leche a fuego medio hasta que empiece a hervir.
3. Agrega lentamente la mezcla de huevo y azúcar a la olla, removiendo constantemente para evitar que las yemas se cocinen y se formen grumos.
4. Agrega el dulce de leche a la mezcla de la olla y remueve bien.
5. Deja enfriar la mezcla en la nevera durante al menos 2 horas.
6. Vierte la mezcla en una máquina de hacer helados y sigue las instrucciones del fabricante para hacer el helado.
7. Congela el helado durante al menos 2 horas antes de servir.

Puedes decorar el helado con un poco de dulce de leche adicional o agregar otros ingredientes, como trozos de chocolate o nueces picadas.

Helado de Avellana

Ingredientes:

- 1 taza de avellanas tostadas y picadas
- 2 tazas de crema de leche
- 1 taza de leche entera
- 1 taza de azúcar granulada
- 6 yemas de huevo
- 1 cucharadita de extracto de vainilla
- Una pizca de sal

Instrucciones:

1. En un tazón, mezcla las yemas de huevo con el azúcar hasta que estén bien combinadas.
2. En una olla mediana, calienta la crema de leche, la leche entera, el extracto de vainilla y la pizca de sal a fuego medio-alto hasta que comience a hervir.
3. Vierte la mezcla de huevo y azúcar en la olla y revuelve constantemente hasta que se espese ligeramente y cubra la parte posterior de una cuchara.
4. Retira la mezcla del fuego y deja enfriar a temperatura ambiente.
5. Agrega las avellanas picadas a la mezcla de helado y revuelve bien.
6. Vierte la mezcla en un recipiente hermético y congela durante al menos 4 horas o hasta que esté firme.

7. Cada hora, saca el recipiente del congelador y bate la mezcla con un batidor de mano para romper los cristales de hielo y hacer que el helado sea más suave.
8. Vuelve a colocar el helado en el congelador después de batirlo y repite este proceso durante al menos 3-4 horas más, o hasta que tenga la textura deseada.

Un delicioso helado de avellana cremoso y lleno de sabor que puedes disfrutar en cualquier momento.

Finalmente, con estas recetas básicas puede experimentar con diferentes sabores e ingredientes adicionales para crear una amplia variedad de helados caseros.

¡Buen provecho!

CAPÍTULO IV. ADITIVOS Y SABORES

En este capítulo, exploraremos cómo agregar diferentes sabores y ingredientes a nuestras recetas básicas de helado para crear una amplia variedad de opciones. Ya sea que prefieras helados dulces, salados o con un toque de especias, aquí encontrarás ideas para satisfacer todos tus deseos.

Frutas frescas y congeladas

Las frutas son un ingrediente popular para agregar a los helados básicos. Puedes usar frutas frescas o congeladas, dependiendo de la época del año. Para usar frutas frescas, simplemente corta la fruta en pequeños trozos y mézclala con el helado antes de congelarlo. Para las frutas congeladas, puedes mezclarlas directamente con el helado básico o simplemente ponerlas en el fondo de un recipiente para helados y verter el helado encima.

Algunas frutas populares para agregar a los helados incluyen:

- Banano
- Frutilla
- Mango
- Kiwi
- Arándano

Chocolates y dulces

El chocolate es un aditivo clásico para los helados, y puedes agregarlo de muchas maneras. Puedes mezclar trozos de chocolate negro o con leche en el helado antes de congelarlo, o puedes hacer una salsa de chocolate caliente para verter sobre el helado una vez servido. También puedes agregar otros dulces como caramelos, trozos de galletas o dulces de colores para crear una experiencia de helado aún más divertida.

Especias y hierbas

Las especias y las hierbas pueden añadir un toque interesante y sabroso a los helados básicos. Prueba con especias como canela, nuez moscada o jengibre, o con hierbas frescas como menta o albahaca. Puedes mezclar estas especias o hierbas con el helado básico antes de congelarlo o hacer una infusión con ellas y agregarlas a la mezcla.

Ingredientes con alcohol

Para una experiencia de helado aún más adulta, prueba agregar ingredientes con alcohol a la mezcla. Puedes agregar un poco de vino, licor o cerveza a la mezcla antes de congelarla, o puedes hacer una salsa con estos ingredientes para verter sobre el helado una vez servido.

Recetas de aditivos y sabores

Aquí hay algunas recetas para ayudarte a empezar con la adición de sabores y adictos a tus helados caseros:

- **Helado de fresas y crema:** Mezcla 1 taza de fresas frescas cortadas en trozos con el helado de crema básico antes de congelarlo. Sirve con un poco de crema batida y fresas frescas cortadas por encima.
- **Helado de chocolate y menta**: Mezcla 1/2 taza de chocolate negro derretido con el helado de crema básico antes de congelarlo. Agrega unas hojas de menta fresca picadas antes de congelar. Sirve con un poco más de chocolate negro derretido por encima.
- **Helado de naranja y especias:** Mezcla 1/2 taza de zumo de naranja fresco con el helado de leche básico antes de congelarlo. Agrega 1 cucharadita de canela y 1/4 cucharadita de nuez moscada antes de congelar. Sirve con un poco de zumo de naranja fresco por encima.

- **Helado de vainilla y whiskey**: Mezcla 1/4 taza de whiskey con el helado de vainilla básico antes de congelarlo. Sirve con un poco más de whiskey por encima.

Estos son solo algunos ejemplos de cómo puedes empezar a jugar con tus helados caseros y agregar sabores y aditivos para crear una amplia variedad de opciones. ¡Diviértete y experimenta con diferentes combinaciones para encontrar tus favoritas!

En conclusión, agregar diferentes sabores y aditivos a los helados básicos es una forma fácil y divertida de personalizar tus helados caseros. Ya sea que prefieras frutas, chocolates, especias o ingredientes con alcohol, hay muchas opciones disponibles para crear una experiencia de helado única y sabrosa. ¡Aprovecha estas recetas y experimenta para encontrar tus combinaciones favoritas!

CAPÍTULO V. HELADOS VEGANOS

A medida que la conciencia sobre la alimentación y el estilo de vida sostenible aumenta, cada vez más personas están optando por una dieta vegana. Esto ha llevado a una mayor demanda de opciones de alimentos veganos, incluyendo helados.

Los helados veganos están hechos sin productos de origen animal y se pueden encontrar en una amplia variedad de sabores. Además, no solo son una opción más sostenible para los animales y el medio ambiente, sino que también pueden ser una alternativa saludable a los helados regulares.

En este capítulo, aprenderemos sobre los diferentes tipos de helados veganos disponibles, así como sobre cómo se pueden hacer en casa. ¡Prepárate para descubrir un mundo de sabores sin igual y opciones sorprendentes!

Helado vegano cremoso de Vainilla

Ingredientes:

- 2 tazas de leche de avena
- 1 taza de leche de almendra
- 2 tazas de azúcar moreno
- 2 cucharadas de extracto de vainilla
- 1 pizca de sal
- 1/2 taza de harina de almendra

Instrucciones:

1. Mezcle las leches de avena y de almendra en una olla mediana y caliente a fuego medio hasta que estén calientes, pero no hirviendo.
2. Añada el azúcar moreno y mezcle hasta que se disuelva por completo.
3. Añada el extracto de vainilla y la pizca de sal y mezcle para combinar.
4. Añada la harina de almendra y mezcle bien hasta que la mezcla esté suave y sin grumos.
5. Retire la olla del fuego y deje enfriar la mezcla durante al menos 30 minutos.
6. Vierta la mezcla en una máquina de helados y siga las instrucciones del fabricante para hacer el helado. Si no tiene una máquina de helados, puede congelar la mezcla en un recipiente hermético y revolver cada 30 minutos hasta que esté congelado y cremoso.

Sirva y disfrute de su helado vegano cremoso de vainilla fresco y delicioso.

Helado de Fresas vegano cremoso

Ingredientes:

- 2 tazas de fresas frescas picadas
- 1 taza de leche de avena
- 1/2 taza de jarabe de arce o azúcar
- 1/4 taza de jugo de limón
- Pizca de sal

Preparación:

1. Mezcle todos los ingredientes en un procesador de alimentos hasta que estén suaves y bien mezclados.
2. Vierta la mezcla en un recipiente para helado y congele durante al menos 6 horas.
3. Retire el helado del congelador y deje reposar durante 5-10 minutos antes de servir.

Helado de Banana vegano

Ingredientes:

- 4 bananas maduras congeladas
- 1/4 taza de leche de almendra
- 1 cucharada de jarabe de agave
- 1/2 cucharadita de esencia de vainilla

Preparación:

1. Mezcle las bananas congeladas, la leche de almendra, el jarabe de agave y la esencia de vainilla en un procesador de alimentos hasta que estén suaves y bien mezclados.

2. Vierta la mezcla en un recipiente para helado y congele durante al menos 6 horas.
3. Retire el helado del congelador y deje reposar durante 5-10 minutos antes de servir.

Helado vegano sabor a Chocolate (cremoso)

Ingredientes:

- 2 tazas de leche de coco enlatada
- 1/2 taza de cacao en polvo
- 1/2 taza de jarabe de arce o agave
- 1/4 taza de azúcar de coco o azúcar moreno
- 1 cucharadita de extracto de vainilla
- Una pizca de sal

Instrucciones:

1. En un tazón grande, mezcla la leche de coco, el cacao en polvo, el jarabe de arce o agave, el azúcar de coco o azúcar moreno, el extracto de vainilla y la pizca de sal hasta que todo esté bien combinado.
2. Vierte la mezcla en una licuadora y licúa hasta que esté suave.
3. Vierte la mezcla en un recipiente para congelar y congela durante unas 2-3 horas.

4. Cada 30 minutos, saca el recipiente del congelador y bate la mezcla con un batidor de mano hasta que el helado se vuelva cremoso.
5. Repite este proceso cada 30 minutos durante un par de horas o hasta que el helado tenga la textura deseada.
6. Una vez que el helado esté listo, puedes servirlo con tus toppings favoritos, como chispas de chocolate vegano, nueces picadas, coco rallado, entre otros.

Tendrás un delicioso helado vegano cremoso con sabor a chocolate para disfrutar. Esta receta es fácil de hacer y utiliza ingredientes simples que puedes encontrar en cualquier tienda de comestibles. Además, es una opción saludable y sin lactosa para los amantes del chocolate que siguen una dieta vegana.

Estas son solo recetas sencillas de muchas opciones de helados veganos que se pueden hacer en casa.

¡Experimente con diferentes sabores e ingredientes para encontrar su combinación favorita!

CAPÍTULO VI. HELADOS SIN HELADERA

Aunque una heladera es una herramienta útil para hacer helados caseros, no es necesaria. Hay muchas formas de hacer helados sin una heladera, utilizando solo ingredientes básicos y algunos utensilios de cocina.

Helado congelado en bolsa

Ingredientes:

- 2 tazas de leche entera
- 1/2 taza de azúcar
- 1 cucharadita de esencia de vainilla
- sal

Instrucciones:

1. Mezcla la leche, el azúcar, la esencia de vainilla y una pizca de sal en una olla pequeña. Calienta a fuego medio hasta que el azúcar se haya disuelto por completo, removiendo constantemente.
2. Verifica la temperatura de la mezcla con un termómetro de cocina; debe estar entre 160°F y 170°F
3. Vierte la mezcla en una bolsa de congelación resistente y ciérrala herméticamente.
4. Coloca la bolsa en un recipiente lleno de agua fría y con hielo, y agita la bolsa continuamente durante 20-30 minutos hasta que la mezcla se haya congelado.
5. Sirve el helado en tazones y añade tus toppings favoritos.

Helado congelado en recipiente

Ingredientes:

- 2 tazas de leche entera
- 1/2 taza de azúcar
- 1 cucharadita de esencia de vainilla
- sal

Instrucciones:

1. Mezcla la leche, el azúcar, la esencia de vainilla y una pizca de sal en un tazón grande.
2. Coloca el tazón en el congelador y revuelve la mezcla cada 30 minutos durante 2-3 horas hasta que esté congelado.
3. Sirve el helado en tazones y añade tus toppings favoritos.

Helado congelado con hielo

Ingredientes:

- 2 tazas de leche entera
- 1/2 taza de azúcar
- 1 cucharadita de esencia de vainilla
- sal
- hielo
- sal

Instrucciones:

1. Mezcla la leche, el azúcar, la esencia de vainilla y una pizca de sal en un tazón grande.
2. Llena un recipiente más grande con hielo y sal.

3. Coloca el tazón con la mezcla de leche en el recipiente con hielo y revuelve la mezcla constantemente durante 20-30 minutos hasta que esté congelado.
4. Sirve el helado en tazones y añade tus toppings favoritos.

Helado a partir de gelatina

Ingredientes:

- 1 sobre de gelatina en polvo de sabor de su elección
- 2 tazas de leche entera
- 1 taza de nata líquida
- 1/2 taza de azúcar
- 1 cucharadita de esencia de vainilla

Instrucciones:

1. En un tazón mediano, mezcle el sobre de gelatina en polvo con 1/2 taza de la leche. Deje reposar durante 5 minutos.
2. En una cacerola mediana, caliente el resto de la leche, la nata líquida, el azúcar y la esencia de vainilla a fuego medio hasta que el azúcar se haya disuelto.
3. Agregue la mezcla de gelatina a la mezcla de leche caliente y mezcle hasta que se haya disuelta por completo.
4. Transfiera la mezcla a un recipiente con tapa y refrigerar hasta que esté frío (alrededor de 4 horas).
5. Bata con una batidora de mano hasta que esté suave y esponjosa.
6. Vuelva a transferir la mezcla a un recipiente con tapa y congele hasta que esté sólido (alrededor de 4 horas).

7. Sirva y disfrute de su helado casero de gelatina.

Nota: Puede personalizar la receta agregando frutas frescas, nueces o trozos de chocolate para darle un toque especial a su helado.

Helado paleta

Aquí hay una receta simple para hacer paletas de frutas caseras:

Ingredientes:

- 2 tazas de fruta fresca o congelada de su elección (por ejemplo, fresas, melón, mango)
- 1/4 taza de agua
- 2 cucharadas de miel o jarabe de agave
- 2 cucharadas de jugo de limón

Instrucciones:

1. En un procesador de alimentos o licuadora, procese la fruta, el agua, la miel o jarabe de agave y el jugo de limón hasta obtener una consistencia suave.
2. Vierta la mezcla en moldes para paletas o en un recipiente de vidrio y congele hasta que esté sólido (alrededor de 4 horas).
3. Retire las paletas del congelador y déjelas descongelar por unos minutos antes de desmoldarlas o cortarlas.
4. Sirva y disfrute de sus paletas de frutas caseras.

Nota: Puede personalizar la receta agregando especias, hierbas o licores para darle un toque especial a sus paletas.

Helados bombones

Ingredientes:

- 2 tazas de helado de su elección
- 1 taza de chocolate negro o semisweet, picado
- 1 cucharada de mantequilla sin sal
- Decoraciones opcionales (por ejemplo, nueces, coco rallado, sprinkles)

Instrucciones:

1. En un recipiente mediano, derrita el chocolate y la mantequilla en un baño maría o en el microondas, revirtiendo cada 30 segundos hasta que estén completamente derretidos.
2. Con una cuchara o una cucharita, forme pequeñas bolitas de helado y colóquelas en un recipiente con tapa para congelarlas (alrededor de 30 minutos).
3. Con un tenedor o una cucharilla, sumerja cada bola de helado en el chocolate derretido y colóquelas en una bandeja para congelarlas.
4. Agregue las decoraciones opcionales antes de que el chocolate se solidifique.
5. Congele los bombones de helado hasta que estén firmes (alrededor de 30 minutos).
6. Sirva y disfrute de sus bombones de helado caseros.

Para facilitar el proceso, puede congelar las bolas de helado y el chocolate derretido en un recipiente de vidrio durante unos minutos antes de formar los bombones. También puede variar la receta utilizando diferentes tipos de chocolate o mezclándolo con otros ingredientes como nueces, coco o frutas secas.

Estos son solo algunos ejemplos de cómo hacer helados sin una heladera. La clave para hacer helados sin heladera es agitar constantemente la mezcla para evitar que se formen cristales de hielo grandes. Si bien puede requerir un poco más de trabajo manual, hacer helados sin heladera es una opción divertida y fácil para aquellos que no tienen acceso a una heladera o simplemente desean experimentar con diferentes técnicas de helado.

En conclusión, hacer helados sin heladera es una opción fácil y accesible para aquellos que buscan experimentar con la elaboración de helados caseros. Ya sea que utilices una bolsa de congelación, un tazón o hielo y sal, hay muchas formas de hacer helados sin una heladera y obtener resultados sorprendentes.

¡Experimenta con diferentes recetas y técnicas, añade tus propios sabores y toppings favoritos, y disfruta de un helado caseros fresco y cremoso!

Y lo más importante, diviértete mientras experimentas en la cocina y creas tus propios helados caseros. Con un poco de paciencia y práctica, puedes hacer helados sin heladera que sean tan buenos como cualquier helado comprado en tiendas especializadas.

CAPÍTULO VII. CONSEJOS Y TRUCOS

Hacer helados caseros puede ser una tarea divertida y gratificante, pero también puede ser un desafío. Asegurarse de que el helado sea cremoso, suave y con un sabor equilibrado requiere algo de habilidad y conocimiento. Aquí hay algunos consejos y trucos para ayudarte a lograr helados caseros de alta calidad cada vez.

- Usa ingredientes frescos: Asegúrate de usar leche, crema y otros ingredientes frescos para lograr un helado cremoso y con un sabor equilibrado. También asegúrate de usar frutas y otros ingredientes adicionales frescos para agregar un sabor intenso a tus helados.
- Sigue la receta con precisión: Sigue la receta con precisión para asegurarte de que la consistencia y el sabor sean los adecuados. No te saltes ningún paso y asegúrate de agregar los ingredientes en el orden especificado.
- Usa azúcar de confitería: El azúcar de confitería es mejor que el azúcar común para hacer helados caseros, ya que ayuda a mantener la consistencia suave y cremosa.
- Enfriar los ingredientes antes de mezclarlos: Asegúrate de enfriar los ingredientes antes de mezclarlos para ayudar a evitar que se formen cristales de hielo y para asegurarte de que el helado tenga una consistencia cremosa.
- Agita la mezcla a menudo durante el proceso de congelación: Agita la mezcla a menudo durante el proceso de congelación

para ayudar a evitar la formación de cristales de hielo y para mantener la consistencia cremosa.

- Agrega ingredientes adicionales con cuidado: Agrega ingredientes adicionales como frutas, chocolate, especias, etc. con cuidado para evitar la formación de cristales de hielo y para mantener la consistencia cremosa.
- Usa una heladera de calidad: Si tienes una heladera, asegúrate de usar una de calidad para lograr helados caseros de alta calidad. Una heladera de calidad te ayudará a mantener la consistencia y el sabor equilibrado.
- Experimenta con diferentes sabores e ingredientes: No tengas miedo de experimentar con diferentes sabores e ingredientes para crear tus propios helados únicos y deliciosos.
- Almacena tus helados adecuadamente: Asegúrate de almacenar tus helados adecuadamente para que duren más tiempo y se mantengan frescos. Usa un recipiente hermético y etiqueta tus helados con la fecha de producción para que puedas controlar su frescura. También asegúrate de dejar un poco de espacio en el recipiente para que el helado tenga lugar para expandirse mientras se congela.
- Sirve tus helados a temperatura adecuada: Asegúrate de servir tus helados a la temperatura adecuada para que sean cremosos y fáciles de comer. Si los has sacado del congelador y están demasiado duros, déjalos reposar unos minutos a temperatura ambiente antes de servirlos.

En resumen, hacer helados caseros de alta calidad requiere un poco de paciencia y práctica, pero siguiendo estos consejos y trucos puedes lograr resultados sorprendentes y deliciosos. No dudes en experimentar con diferentes sabores e ingredientes para crear tus propios helados únicos y deliciosos.

¡Diviértete haciendo helados caseros!

CAPÍTULO VIII. GLOSARIOS DE TÉRMINOS

En este glosario se han incluido algunos de los términos técnicos más comunes que se utilizan en el libro. Al conocer estos términos, podrás entender mejor las recetas y los procesos de producción de helados caseros.

Base de helado: La base de helado es la combinación de ingredientes que forma la base del helado, como la leche, la crema, el azúcar y los huevos.

Crema batida: La crema batida es un ingrediente esencial para muchas recetas de helado, se obtiene al batir crema fresca hasta que forme picos suaves y estables.

Congelación: La congelación es el proceso de enfriar una mezcla de helado hasta que se congele y se vuelva sólido.

Temperatura de mezcla: La temperatura de mezcla es la temperatura a la que se debe mantener la mezcla de helado mientras se congela.

Heladera: Una heladera es una máquina que se utiliza para hacer helados. La mayoría de las heladeras tienen un recipiente que se congela y un mecanismo que agita la mezcla para evitar que se formen cristales de hielo.

Agitación: La agitación es el proceso de mover la mezcla de helado para evitar la formación de cristales de hielo.

Cristales de hielo: Los cristales de hielo son pequeños gránulos de hielo que se forman en la mezcla de helado si no se agita o no se mantiene a la temperatura adecuada.

Textura: La textura es la consistencia o sensación en la boca del helado. La textura ideal es cremosa y suave, sin cristales de hielo.

Aditivos: Los aditivos son ingredientes adicionales que se agrega a la base de helado para darle sabor y textura, como frutas, chocolates, especias, etc.

Temperatura de servido: La temperatura de servido es la temperatura a la que se debe servir el helado para que sea cremoso y fácil de comer.

Made in the USA
Middletown, DE
18 May 2023